Robyn Skye

NIGHTS & DAYLIGHT

SAMMELBAND

Bibliografische Information der Deutschen Nationalbibliothek: Die Deutsche

Nationalbibliothek verzeichnet diese Publikation in der Deutschen Nationalbibliografie;

detaillierte bibliografische Daten sind im Internet über http://dnb.dnb.de abrufbar.

Die automatisierte Analyse des Werkes, um daraus Informationen insbesondere überMuster, Trends und Korrelationen gemäß §44b UrhG (Text und Data Mining") zu gewinnen,ist untersagt.

© 2025, Robyn Skye

Coverdesign: Robyn Skye unter Verwendung von Motiven von Canva Premium

Verlag: BoD · Books on Demand GmbH, Überseering 33, 22297 Hamburg, bod@bod.de

Druck: Libri Plureos GmbH, Friedensallee 273, 22763 Hamburg

ISBN: 978-3-8192-2844-5

Für alle Menschen, die das Gefühl haben, nicht gesehen zu werden und täglich kämpfen.

NIGHTS

Vorwort

Herzlich willkommen zum ersten Teil. "Nights" ist ein sehr düsteres Werk und setzt sich mit einigen der schwersten Erfahrungen meines Lebens auseinander, darunter Trauer, häusliche Gewalt sowie Angst und Panikattacken.
Ich nehme euch mit auf eine Reise durch einige der dunkelsten Momente, die ich erlebt habe.

Seit vielen Jahren schreibe ich Gedichte, um das Erlebte zu verarbeiten. Vielleicht findet ihr euch in manchen Zeilen wieder, vielleicht aber auch nicht. Wenn euch ein Text nicht guttut, fühlt euch frei, ihn zu überspringen.

Denn so lang und finster die Nacht auch scheint, am Ende wartet das Licht des neuen Tages.

Intro

Es ist spät, ich liege wach,
der Mond malt Schatten an die Wand,
meine Gedanken ziehen Kreise,
so müde, doch der Schlaf bleibt fern.
Die Ängste flüstern,
sie kennen jede Schwachstelle,
finden mich immer,
auch wenn ich mich verstecken will.

Kleine Kapseln auf dem Nachttisch,
aus Pflanzen, sanft und grün,
ein Morgenritual,
ein leiser Trost für die Seele.
Doch ihre Kraft allein genügt nicht,
denn du bist die Ruhe, die ich brauche,
deine Wärme löst die Knoten in mir,
und langsam, ganz langsam
wird die Angst leiser.

In der Stille dieser Nacht
erzähle ich mir selbst meine Geschichte,
kein Publikum, keine Scheinwerfer,
nur ich und die Dunkelheit.
Ich erinnere mich an all das,
was mich hierher brachte,
die Narben, die ich trage,
die Kämpfe, die ich gekämpft habe.

Es war nicht immer leicht,
manche Nächte waren endlos,
manche Tage schwerer, als Worte es fassen können.
Doch all das hat mich geformt,
hat mich zu dem Menschen gemacht,
den du jetzt hältst.
In diesen ruhigen Momenten
bin ich einfach nur ich,
ohne Maske, ohne Schutz,
nur ich – auf meiner eigenen Bühne,
im Dunkeln, aber endlich frei.

anxiety

Bin in dir gefangen

will ausbrechen

auferstehen

Doch du hüllst mich

in Illusionen ein.

Zu jeder Dunkelheit

wächst meine Angst.

Will ohne dich leben

doch du kommst immer wieder.

Neue Wege, fremde Räume,

alles unsicher, alles neu.

Du lauerst in den Schatten,

wartest auf den ersten Schritt.

Unbekannte Blicke,

unbekannte Worte,

und ich weiß nicht, wie ich reagieren soll.

Du wächst in mir,

wirst größer, schneller,

bis ich selbst nicht mehr weiß, wer ich bin.

Herzschlag rast, will fliehen

doch kein Ausweg, keine Tür.

Du kriechst in mich hinein,

fängst mich ein.

Mit jedem Atemzug

wird dein Griff enger,

stärker.

Will dich vertreiben,

doch du bleibst,

nimmst Raum,

bis nichts mehr bleibt.

Ich versinke,

die Welt verschwimmt,

alles wird laut,

alles wird still.

Du übernimmst.

neurodiversity

Ich seh' euch, all eure starren Blicke,
schaut durch mich hindurch, als wäre ich nicht hier.
Ihr sagt mir, was ich tun soll, wie ich sprechen muss,
doch nichts davon fühlt sich an wie ich.

Ihr formt mich, biegt mich,
legt Worte in meinen Mund, die nicht schmecken.
Was ist richtig, was falsch?
Eure Regeln ändern sich mit dem Wind.

Immer ein Schritt zu viel, ein Wort zu wenig,
ich stolpere, versuche, euren Rhythmus zu lernen.
Doch jede Bewegung ist falsch,
und eure Blicke schneiden tiefer als Worte.

Ich setze eine Maske auf,
versuche, die Form zu finden, die ihr wollt.
Doch je mehr ich mich biege, desto mehr verliere
ich mich,
bis ich nicht mehr weiß, wer ich bin.

In dieser Welt aus Regeln und Normen
bin ich ein Puzzle, das nie passt.

Und jedes Stück, das ich opfere,
lässt mich mehr verschwinden.Ihr presst mich in
eure Form,
zwingt mich in eure eng gezogenen Linien.
Aber innen bricht es, reißt es,
bis nichts mehr von mir übrig bleibt.

Wie viele Masken muss ich tragen,
bis ihr mich endlich seht?
Wie sehr muss ich mich verbiegen,
bis ich in eure perfekte Welt passe?

Doch ich verzerr' mich bis zur Unendlichkeit,
verliere meine Farben in eurem Schwarz und Weiß.
Und während ich mich selbst nicht mehr erkenne,
sitze ich still, wie ihr es wollt, perfekt geformt.

Aber tief in mir wächst die Frage:
Wer bin ich, wenn nicht ich selbst?
Und wann wird diese Maske fallen,
zerbrechen unter der Last eurer Erwartungen?

trapped in the closet

Inmitten der Menge,
farbenfroh, laut,
doch ich fühle mich leise,
eingehüllt im Chaos.

Die Musik pulsiert,
Körper bewegen sich,
und ich sehe ihn,
sein Blick durchdringt die Dunkelheit,
verlockend, unwiderstehlich.

Doch die Angst flüstert,
hält mich fest,
während mein Herz
schneller schlägt.
Ich fühle das Verlangen,
doch die Worte bleiben ungesagt.

Die Berührung,
die ich mir wünsche,
verliert sich im Schatten,
gefangen zwischen
Wunsch und Furcht.

Sein Blick,
so intensiv,
lädt ein zu mehr,
doch ich stehe still,
gefangen in der Unsicherheit.

Die Musik schreit,
meine Stimme bleibt stumm.
Ich will tanzen,
will ihm nahe sein,
doch die Angst hält mich zurück,
bis ich nur träumen kann
von dem, was nicht sein darf.

So bleibe ich,
versteckt in der Dunkelheit,
im Schrank,
wo das Verlangen
in der Stille verklingt,
unberührt und unerfüllt.

Die Träume flüstern leise,
tragen Hoffnung durch die Nacht,
doch der Mut, ihn zu berühren,
bleibt ein Schatten, der verschwindet.

Die Musik weht sanft vorbei,
ein Hauch von Freiheit in der Luft,
doch ich kann nicht aufbrechen,
gefangen in meinem eigenen Duft.

So tanze ich im Stillen,
geheime Sehnsüchte, die verblassen,
während die Welt mich vergisst,
im Schatten meiner eigenen Massen.

whispers in the storm

In der stillen Dunkelheit,
der Sturm erwacht.
Schatten flüstern leise,
in der tiefsten Nacht.
Träume schwingen sanft,
tanzen hoch und weit,
doch die Sehnsucht bleibt,
unendlich, voller Leid.

Ein Blitz zuckt durch die Stille,
mein Herz schlägt wild.
Innere Stürme toben,
ein aufgewühltes Kind.
Die Wellen schlagen leise,
ein Lied in meinem Ohr,
die Unruhe flüstert:
„Komm, verlier dich nur vor mir."

Oh, die Nacht trägt Fragen,
die ich nie gewagt.
Im Schatten meiner Ängste,
wo der Mut versagt.
Doch tief in mir blüht
ein Funke, der mich trägt,
im Sturm der Gefühle,
wo das Leben schlägt.

Der Mond wirft Silberschimmer,
auf alle Erinnerungen,
flüstert von Freiheit,
von Liebe, von Hass.

Die Ketten der Zweifel,
sie halten mich fest,
doch ich spüre Hoffnung,
die niemals mich lässt.

Oh, die Nacht trägt Fragen,
die ich nie gewagt zu stellen.
Im Schatten meiner Ängste,
wo der Mut versagt.
Doch tief in mir blüht
ein Funke, der mich trägt,
im Sturm der Gefühle,
wo das Leben schlägt.

In den Augen des Sturms,
spiegelt sich mein Traum,

ein Spiel zwischen Hoffnung,
so wild wie der Raum.
Doch im Chaos finde
ich den Mut in mir,
die Nacht umarmt mich sanft,
und ich verliere mich hier.

So tanze ich weiter,
im Wind und im Licht,
die Unruhe umarmt mich,
ich finde mein Gesicht.
Die Nacht mag erdrückend,
der Sturm so stark,
doch in diesem Chaos
blüht ein neuer Park.

reputation

Du hast mich gefunden, in einer Welt, die du nicht
kennen solltest,
stellst Fallen in den Schatten, wo ich glaubte, sicher
zu sein.
Du schreibst über Stalker, doch wer ist hier das
Monster,
das mich in die Enge treibt, wenn niemand es sieht?

Meine Worte sind laut, doch in dir ein Echo,
das nur zurückkehrt, in der Stille verhallt.
Dein Spott wird zum Dolch, tief in meiner Haut,
und ich spüre, wie der Boden unter mir bebt.

Du hast mein „Nein" als „Ja" missverstanden,
ein Spiel für dich, doch ein Krieg in mir.
Neue Wege, unbekanntes Terrain,
und du stehst da, lauernd, als wär's dein Recht.

Und ich zittere, mein Herz rast, als würd's mich
verlassen,
die Luft zu dicht, der Raum zu klein.

Du hast die Kontrolle übernommen,
während ich um mein eigenes Leben renne.

Panik in Wellen, wie Flut, die mich erdrückt,
und du, die Fremde, die mir meinen Frieden nimmt.
Dein Buch, dein Gift, in meinen Händen,
es brennt wie Feuer, doch ich kann es nicht
loslassen.

Was weißt du von mir? Wie weit wirst du gehen?
Ein Blick, ein Schritt, und ich taumel ins Leere.
Du hinterlässt Spuren, die ich nicht sehen kann,
doch ihre Last trage ich schwer in der Nacht.

Das Netz spinnt sich enger, kein Entkommen in
Sicht,
und jeder neue Tag bringt die Dunkelheit mit.
Du hast gelacht, als ob es ein Spiel wäre,
doch ich breche zusammen, still und allein.

Meine Wut, sie wächst, wie Feuer in mir,
und ich sehe es vor mir, dein Fall, dein Ende.
Ich will in der ersten Reihe sitzen,
wenn das, was du mir angetan hast, dich einholt.

Doch zwischen den Trümmern meiner Panik,
will ich, dass du siehst, was du zerstört hast.
Du hast mich gebrochen, doch ich bin noch hier,
und dein Spiegelbild wird dich irgendwann fangen.

Vielleicht glaubst du, du bist unantastbar,
doch die Zeit kennt keine Gnade,
und eines Tages wird deine Maske fallen,
genau wie du mich fallen ließest, in diese Leere.

Ich träume von dem Tag, an dem du stürzt,
und ich werde stark sein, nicht für dich,
sondern für mich selbst, weil ich überlebe,
weil ich atme, auch wenn es in Flammen ist.

Du hast mein Leben nicht gestohlen,
auch wenn du es versuchtest.
Und am Ende werde ich derjenige sein,
der ohne Angst weitergeht, während du bleibst.

unseen

Ich war fünfzehn, nur ein Junge,
doch in seinen Augen war ich das Ziel.
Seine Eifersucht brannte in jedem Blick,
als wäre ich der Gegner in einem Krieg,
den ich nie gewählt habe.
Ich verstand nie, warum,
warum ich das Hindernis war,
aber er ließ es mich spüren,
mit jedem Tritt, jedem Biss.

Seine Fäuste trafen,
und ich fühlte, wie die Angst
mein ständiger Begleiter wurde.
Die Nächte waren lang,
und ich lernte, wie man schweigt,
wie man sich selbst klein macht,
um keinen weiteren Schlag zu riskieren.
Aber ich konnte mich nicht klein genug machen.

Er warf mich die Treppe hinunter,
sein Hass wie ein Gewicht auf meiner Brust.
Und als die Polizei kam, sahen sie nur mich,

den Störenfried, das Problem,
als hätte ich den Schmerz erfunden.
Aber ich war nur ein Junge,
und niemand fragte, warum.

Jetzt zucke ich zusammen,
wenn fremde Hände sich nähern,
die Erinnerung fest in mir verankert,
als könnte ich den Schmerz noch fühlen,
den er mir hinterlassen hat.
Jeder Fremde ist eine Bedrohung,
und jede Berührung brennt,
als wäre sie eine weitere Wunde.

Seine Eifersucht hat mich gezeichnet,
hat mein Vertrauen in die Welt gebrochen,
und ich laufe, immer auf der Hut,
als ob jede Ecke gefährlich wäre.
Wie kann ich jemanden an mich heranlassen,
wenn mein Körper sich erinnert,
wenn jede Nähe sich wie Gefahr anfühlt?

Die Jahre vergehen,
doch der Schmerz bleibt.
Ich bewege mich durch diese Welt,
immer einen Schritt zu viel,
immer auf der Flucht vor Geistern,
die mich nicht loslassen.

Seine Hände, seine Gewalt,
leben in meiner Angst,
und ich frage mich,
ob es jemals enden wird.
Ob ich jemals jemand in der Lage sein werde,
mich zu berühren,
ohne in Panik zu geraten,
ohne zurückzuschrecken.

Ich will glauben, dass es besser wird,
dass die Angst eines Tages verschwindet.
Doch solange seine Eifersucht
in meinem Inneren nachhallt,
bleibt die Angst,
dass der Schmerz wiederkommt.
Und ich stehe da,
immer noch der Junge,
der gefallen ist,
der geschlagen wurde,
und niemand sah hin.

out and proud

Ich hab' so lange im Dunkeln gelebt,
in diesem Schrank aus Angst, aus Lügen.
Hab' mich selbst versteckt, mich klein gemacht,
so sehr versucht, in eure Welt zu passen,
doch dabei hab' ich mich verloren.

Du hast mir gesagt, wer ich sein soll,
wie ich mich biegen muss, um gut genug zu sein.
Und ich glaubte dir, hab's geschluckt,
bis ich selbst nicht mehr wusste, wer ich bin.
Ein Gesicht im Spiegel, doch die Augen waren nicht
meine.

Die Welt draußen war laut und fremd,
und ich dachte, ich müsste mich anpassen,
eine Maske tragen, jedes Wort, jeder Schritt
wie auf einem Seil, so eng, so unsicher.
Doch was ist das Leben wert, wenn du es nicht
lebst?

Dann kam dieser Moment, still und stark,
als die Wahrheit nicht mehr zu leugnen war.

Ich hab' die Tür einen Spalt geöffnet,
nur ein bisschen Licht und plötzlich wusste ich,
ich kann nicht mehr zurück.

Der Schrank, er schien so sicher,
doch er war ein Käfig, der mich hielt.
Und als ich den ersten Schritt hinaus machte,
fiel ein Stein von mir, schwer und laut,
als hätte ich ihn mein ganzes Leben getragen.

Es war, als hätte ich das erste Mal wirklich geatmet,
Luft, die frisch und frei war,
kein Gewicht mehr auf meiner Brust,
keine Ketten mehr um meine Seele.
Und plötzlich war ich da, ich, echt, lebendig.

Die Sonne auf meiner Haut fühlte sich anders an,
die Welt schien weiter, bunter,
und ich wusste, das ist es,
das Gefühl, das man Freiheit nennt.
Ich habe mich nie so leicht gefühlt, nie so klar.

Ich lasse den Schrank hinter mir,
mit all den alten Ängsten,
und ich renne ins Licht,
weil ich endlich weiß,
dass ich niemals zurückkehren will.

Ich bin nicht mehr gebrochen,
ich bin nicht mehr versteckt,
die Maske liegt in den Trümmern,
und was bleibt, bin ich – stark und frei.

Die Welt mag noch immer starren,
doch das stört mich nicht mehr,
denn ich bin hier, ich bin raus,
und ich werde niemals wieder
in den Schatten zurückgehen.

echoes

In der Stille meiner Kindheit,
habe ich die Schatten oft gehört,
dein Lächeln schwebt wie ein Traum,
so nah und doch so unberührt.
Ein kleiner Junge, der fragt,
ob du stolz wärst, wenn du wüsstest,
wie ich durch die Stürme schreite,
mit den Narben, die du mir hinterlassen hast.

Die Zeit vergeht, sie kann nicht verweilen,
fast fünfzehn Jahre sind vergangen,
doch dein Bild lebt in meinen Augen,
ein leiser Hauch von deinem Namen.
Wenn die Nächte kalt und lang sind,
spüre ich dein Echo in der Dunkelheit,
und frage mich, ob du bei mir bist,
ob dein Stolz mir das Herz erhellt.

Ich trage die Fragen wie einen Mantel,
versteckt in der Tiefe meiner Seele,
habe ich gelernt, mich selbst zu finden,
doch die Angst bleibt, sie fühlt sich wie ein Stein an.
Habe ich deine Träume erfüllt?
Hätte ich dich stolz gemacht,
wenn ich all die Kämpfe gewonnen hätte,
die ich allein im Schatten kämpfte?

Und dann gibt es meine Mutter,
unsere Verbindung, kompliziert und verworren,
die Worte, die nie ausgesprochen werden,
aber in den stillen Momenten leuchten.
Die Furcht, sie zu verlieren, nagt an mir,
obwohl wir nicht immer harmonisch sind,
doch die Liebe, die wir teilen,
schimmert wie ein Licht in der Dunkelheit.

Ich bewahre dein Erbe in mir,
in jedem Lachen, in jedem Schmerz,
und auch wenn die Zeit uns trennt,
bleibt die Hoffnung ein brennendes Herz.
Die Erinnerungen sind ein sanftes Licht,
das in den stillen Nächten funkelt,
und ich weiß, du bist hier bei mir,
in jedem Schritt, den ich weitergehe.

So gehe ich mutig, mit erhobenem Haupt,
durch die Schatten, die du hinterlassen hast,

denn deine Liebe trägt mich weiter,
und ich werde nicht aufgeben, niemals.
Ich hoffe, dass du stolz bist,
dass du siehst, wie ich blühe,
in der Erinnerung an dich, Vater,
wird mein Licht nie verlöschen,
bis ich irgendwann wieder bei dir bin.

begin again

Der Wecker klingelt, der Tag bricht an,
mit zitternden Händen greife ich nach dem Plan.
Erster Arbeitstag, ein Abenteuer wartet,
die Aufregung in meinem Herzen, so ungebremst.
Die Gedanken rasen, was wird geschehen?
Werde ich die neuen Gesichter verstehen?
Ein Büro voller Stimmen, Lachen und Licht,
doch innerlich kämpfe ich, das Gesicht verrät es
nicht.

Auf dem Fahrrad sitzend, der Wind weht kühl,
die Felder ziehen vorbei, wie ein ruhiger Strahl.
Das Dorf erwacht, die Straße still und leer,
doch in mir tobt ein Sturm, ich fühl' mich nicht fair.
Ein neues Outing, ein Kapitel so frisch,
ich bin hier, um zu wachsen, mit jedem Schritt, den
ich wisch'.
Die Aufregung pulsiert, wie ein Lied im Ohr,
doch ich atme tief durch, bereit für das neue Tor.

Der Tag beginnt, ich trete ein,
die Lichter blitzen, der Kaffee, er scheint.
Die Kollegen lächeln, die Atmosphäre warm,
doch in mir dröhnt der Alarm, der innere Sturm.
Mit jedem Wort, das ich höre, lerne ich mehr,
wie man in diesem Tanz bleibt, im Büroverkehr.
Ich baue meine Routinen, Schritt für Schritt,
mit jedem neuen Tag finde ich meinen Platz, meine
Mitte.

Doch die Anstrengung ist echt, die Fassung
zerbrechlich,
als Autist zu starten, fühlt sich oft so schrecklich.
Die Unsicherheiten, sie flüstern in mein Ohr,
„Du bist nicht genug", wie ein wiederholtes Mantra,
das stört.
Aber ich bleibe stark, halte an meinen Zielen fest,
mit jedem Schritt nach vorn, fühle ich mich besser –
es ist ein Test.
Die Nervosität schwindet, ich finde meinen Raum,
inmitten des Chaos, beginne ich zu träumen, baue
meinen Traum.

Und jetzt, nach Tagen voller Höhen und Tiefen,
lerne ich, in diesem neuen Leben zu atmen.
Die Ängste weichen, die Unsicherheiten verblassen,
ich finde meine Stimme, ich will es nicht verpassen.
Ein Lächeln, ein Gespräch, die Verbindung wird
stark,

ich baue Brücken zu Herzen, ich lass' meinen
Stempel im Park.
Jeder Tag ein Geschenk, ein neuer Beginn,
in diesem Büro, wo ich jetzt ganz ich sein kann.

not a copy

In einer Welt voller Lichter, die so hell strahlen,
entdeckte ich Vorbilder, die mir gefielen, so schnell.
Ein Influencer, der lächelt, die Kamera im Blick,
seine Geschichten und Reisen, sie zaubern das
Glück.
Mit Filtern und Glanz lebt er seinen Traum,
zeigt mir, wie man tanzt im digitalen Raum.
Doch hinter der Fassade blitzt oft die Angst,
in einer Welt der Vergleiche fühl' ich mich oft ganz
verloren.

Ein Blogger mit Worten, die fliegen wie der
Wind,
erzählt von Abenteuern, die man selbst gar nicht
findet.
Mit jedem Post, den er teilt, lehrt er mich viel,
wie man durch das Leben geht, voller Mut und
Gefühl.
Sein Schreibstil ist frei, wie die Farben der Nacht,
doch oft frage ich mich, ob das wirklich echt ist, was

er macht.
Der Druck, das Publikum zu erfreuen, ist schwer,
kann ich wirklich leben, so wie er, unbeschwert?

Mit jeder Note, die Taylor singt, blüht Hoffnung
im Wind,
aber auch ich fühl' den Druck, mich selbst zu finden.
Inmitten der Vorbilder fühle ich oft die Last,
während ich versuche, ihre Wege zu gehen – oh, wie
das rast!
Das Streben nach Perfektion, nach dem perfekten
Bild,
verblasst, wenn ich erkenne, dass ich selbst es bin,
der hier chillt.
Der innere Kritiker flüstert, was ich alles nicht kann,
doch tief in mir weiß ich, dass ich keine Kopie sein
will.

Die Stimmen um mich herum murmeln und
flüstern,
die Vorbilder, sie zeigen – doch ich muss nicht sie
wissen.
Es ist an der Zeit, mich selbst zu befreien,
denn die besten Geschichten schreibt man allein.
Ich schöpfe aus ihrer Inspiration, forme sie zu
Träumen,
die niemand mir rauben kann.
Ich bin nicht hier, um jemand anderes zu sein,
sondern um ich selbst zu werden, ich will so sein.

Die Wege sind verschieden, doch das Ziel bleibt
das Gleiche,
mit jedem Schritt, den ich gehe, fühle ich mich
bleicher.
Ich schlage meine eigene Melodie, tanze mein Lied,
in einer Welt voller Vorbilder finde ich, was mich
zieht.
Mit jedem neuen Tag, mit jedem neuen Blick,
werde ich stärker, finde Frieden, Stück für Stück.
In der Vielfalt der Stimmen finde ich meine Art,
denn die Reise zu mir selbst ist das größte
Lebenswerk.

what if I fail

Jeder Schritt, den ich mache, fühlt sich fragil an,
immer der Gedanke: "Was, wenn ich's nicht kann?"
Ist das hier der richtige Weg, den ich gerade geh'?
Oder schlage ich falsche Pfade ein, bevor ich's
versteh'?

Ich frage mich ständig, ob ich genug bin,
ob jeder Fehler tiefer in den Schatten rinnt.
Die Blicke, die mich beobachten, oder ist das nur
mein Kopf?
Jeder Fehler, der sich auftut, fühlt sich an wie ein
Tropfen im Topf.

Was, wenn ich falsch liege, und alle es sehen?
Was, wenn meine Schritte im Kreis sich nur drehen?
Diese Unsicherheit klebt an mir wie ein Schatten,
und manchmal fühl' ich mich, als könnte ich's nie
schaffen.

Ist das die richtige Entscheidung, oder ein falscher
Pfad?

Sollte ich langsamer gehen oder mutiger sein –
grad?
Ich höre die Stimmen, sie raunen und lachen,
doch das Echo meiner Zweifel lässt mich immer
wieder erwachen.

Man sagt, Fehler machen ist ein Teil des Spiels,
aber was, wenn ich falle und mich keiner fühlt?
Was, wenn ich's vermassel und nicht zurückfind?
Jeder Schritt nach vorn, er scheint wie gegen den
Wind.

Es sind die kleinen Dinge, die mich so verunsichern,
jedes Ja oder Nein, als würde ich verirren.
Doch irgendwo tief in mir steckt der Wunsch, es zu
wagen,
trotz allem, was in mir schreit, mit Mut zu ertragen.

Vielleicht ist der Weg nicht immer ganz klar,
und manchmal frag' ich mich, warum ich überhaupt
auf Route K war.
Doch jeder Zweifel bringt mich einen Schritt näher,
und vielleicht ist das Zögern manchmal auch mein
Lehrer.

Unsicherheit wird nie ganz vergeh'n,
doch ich lerne, auf meine eigene Weise zu steh'n.

Fehler gehören dazu, so wie Schatten zum Licht,
und vielleicht finde ich durch sie auch mein Gesicht.

Die Fragen bleiben, doch ich gehe weiter voran,
denn manchmal merkt man erst im Rückblick, was
man kann.
Und vielleicht ist der Weg nicht immer perfekt,
doch Unsicherheit ist auch das, was mich stärkt und
weckt.

karma

Es ist still in der Nacht, doch mein Herz tanzt im Takt,
ich schau in seine Augen, wo mein Glück erwacht.
Jeder Moment mit ihm fühlt sich leicht wie ein Traum,
ich bin der glücklichste Mann, hier im Raum.
Seine Hand in meiner, ein Feuer, das nie erlischt,
wir sind das Licht, das durch die Dunkelheit bricht.
Durch die Jahre voller Schatten, voller Schmerz,
kam er in mein Leben und füllte mein Herz.

Früher fühlte ich den Hass, der schwer auf mir lastete,
doch jetzt ist alles klar, es ist längst nicht mehr.
Karma, es dreht sich wie ein Rad, es vergeht nicht,
für all die, die mir schadeten, kommt das gerechte Licht.
Ich schau nicht zurück, ich weine nicht mehr,
denn ich weiß, dass Karma immer fair ist, gerecht und klar.
Meine Freude wächst mit jedem Atemzug,
denn ich habe ihn gefunden, in diesem Liebesflug.

Jeder, der mir Schaden wollte, hat's nicht
geschafft,
denn ich stehe heute hier, in Liebe und Kraft.
Die Worte, die sie sprachen, die Wunden, die sie
rissen,
all das verblasst, weil sie am Ende alles missen.
Karma sammelt die Schuld, wie eine stille Flut,
und eines Tages werden sie sehen, wie alles
zerbricht und ruht.
Doch das ist nicht mein Kampf, ich schau nicht
zurück,
ich lebe im Jetzt, in Liebe, im Glück

Seine Arme sind mein Zuhause, in dem ich mich
verliere,
jeder Moment mit ihm zeigt mir, warum ich
existiere.
Er ist die Ruhe nach dem Sturm, das warme Licht,
mein sicherer Hafen, in dem Dunkelheit zerbricht.
Und während die anderen noch kämpfen, mit ihrer
eigenen Last,
bin ich hier, glücklich und frei.

Was bleibt, ist er, und ich, zusammen hier,
denn Liebe ist stärker als jede Hassattacke.
Karma wird handeln, ohne dass ich es muss,
denn meine Geschichte, sie ist Liebe – und das ist
der Schluss.

dear reader

Jetzt wisst ihr alles, was in mir brennt,
die Schatten, die mich quälen, und das, was keiner
kennt.
Die Ängste, die Zweifel, die stillen Gedanken,
wie ich nachts liege, während die Wände wanken.

Ihr habt in mein Innerstes geschaut,
jeden Riss, jeden Sturm, den ich aufgebaut.
Die Worte, die ich nie laut sagte, die stillen Schreie,
jetzt sind sie da, nicht länger nur meine.

Es ist befreiend, und doch so schwer,
all das zu teilen, was in mir war leer.
Doch jetzt sind die Gedanken raus in die Welt,
nicht mehr nur in meinem Kopf, wo alles zerfällt.

Vielleicht seht ihr jetzt, was ich nie gezeigt,
die Last, die auf mir lag und an meinem Mut zerrt.

Doch diese Zeilen tragen all das mit sich fort,
in euren Händen ruhen sie, an diesem Ort.

Vielleicht habt auch ihr diese Geister gekannt,
die leise flüstern und die Seele verbannt.
Wir alle kämpfen, wir alle sind still,
doch jetzt sind die Worte frei, weil ich's wollte, weil
ich's will.

Es geht nicht nur um mich, das wisst ihr jetzt
auch,
wir tragen alle Narben, wie Schatten im Rauch.
Doch manchmal hilft es, sie auszusprechen,
um endlich die Ketten, die uns halten, zu brechen.

Jetzt kennt ihr das Dunkel, das oft in mir schwebt,
doch ihr wisst auch, wie ich mich dagegen erhebt.
Diese Worte sind nicht nur für mich, sondern für
dich,
damit du siehst, du bist nicht allein – nicht im Stich.

Denn wir alle haben Dämonen, die uns jagen,
doch wir tragen sie zusammen, und das hilft, zu
ertragen.
Jetzt sind sie raus, diese Gedanken, nicht mehr
verborgen,
und vielleicht finden wir gemeinsam den Weg in
den Morgen.

Ihr kennt jetzt die Wahrheit, die in mir tobte,
doch durch dieses Buch, das all das enthob,
sind die Gedanken nun frei, nicht mehr allein,
und vielleicht erkennen wir uns darin – in jedem
Reim.

only the young

Die Welt brennt in Farben, die ich nicht verstehe,
Wo Menschen sich beugen und gegen ihre eigenen
Rechte gehen.
Die Zukunft, sie schwankt, ist fragil wie der Wind,
Und in mir tobt ein Sturm, der keinen Halt findet.

Wut schwillt in mir, wenn der orangene Clown
spricht,
Mit Worten, die brennen, die alles zerstören, ohne
Licht.
Jeder Satz ein Funke, der das Land entzündet,
Ein Feuer aus Hass, das alles verschlingt und
verwundet.

Wie können sie folgen, den Lügen und dem Zorn?
Ein Land im Chaos, vom Hass geboren.
Es geht nicht nur um Worte, es geht um den Kern,
Warum lassen wir zu, dass der Hass so fern regiert?

Hinter den Kulissen steckt der wahre Schmerz,
Wenn die Lüge regiert und das Herz sich verwehrt.

Die Welt schreit nach Veränderung, nach mehr,
Doch der Kampf scheint verloren, der Weg fällt uns
schwer.

Doch ich gebe nicht auf, ich werde
weiterkämpfen,
Auch wenn der Wind gegen mich bläst, werde ich
nicht stranden.
Für eine bessere Zukunft, für ein Morgen, das bleibt,
Für eine Welt, die nicht auf Hass und Ignoranz
treibt.

Die Unsicherheit zieht wie Nebel durchs Land,
Doch wir lassen uns nicht täuschen, wir halten
stand.
Denn am Ende wird die Wahrheit sich erheben,
Die Demokratie wird siegen, und das Leben wird
weiterstreben.

Die Zukunft in unseren Händen, wir tragen sie mit
Mut,
Gegen das Unrecht, das unsere Seelen verbrennt, tun
wir es gut.
Wir lassen uns nicht biegen, wir brechen das
Schweigen,
Ein Aufschrei der Hoffnung, der durch die Zeiten
wird treiben.

DAYLIGHT

Willkommen im zweiten Teil.
Eine Person hat mein Leben sehr positiv verändert, und das ist mein lieber Schatz. Er ist mein Tageslicht in der Finsternis.

All die Ereignisse aus dem ersten Teil haben mich natürlich geprägt. Trotzdem versuche ich, im Tageslicht zu bleiben.

Ich lebe weiterhin mit meiner Neurodiversität, habe nach wie vor mit Angst- und Panikattacken zu kämpfen und war zunehmend mit Fatshaming konfrontiert.

Wie im ersten Teil gilt: Wenn euch ein Text nicht guttut, überspringt ihn bitte.

daylight

Ich schwor mir einst, ich bleib allein,
die Liebe ein Trug, ein falscher Schein.
Ein Spiel aus Schatten, kalt und leer,
doch dann kamst du, und nichts war mehr schwer.

Ein Lächeln brach, was unzerstörbar schien,
der Panzer aus Zynismus, so kühl, so clean.
Du sprachst mit Augen, die Welten kennen,
und ließest mein Herz sich selbst erkennen.

Die Nacht war still, doch mein Kopf so laut,
dein Name wie ein Lied, das man ewig vertraut.
Ich wollte fliehen, doch blieb ich stehen,
deine Nähe war ein Sturm, und ich ließ mich
verwehen.

Ein erstes Lachen, ein erstes Beben,
mein Herz schlug auf, als wär's neu im Leben.
Die Angst, sie flüstert, „Glaub ihm nicht!"
Doch dein Blick, er bringt mir das Licht.

Wir sind nicht perfekt, du und ich,
doch ich fühl' das Chaos und liebe es stich für Stich.

Wenn Liebe nur Illusion sein soll,
dann bleib ich gefangen, und nenn es mein Soll.

So taumle ich vorwärts, noch halb im Traum,
doch fühl' mich geerdet, in deinem Raum.
Die Welt ist kein Märchen, kein leichtes Spiel,
doch mit dir hat das Leben auf einmal ein Ziel.

Ich war ein Rätsel, das sich selbst nicht fand,
doch deine Worte griffen nach meiner Hand.
Jetzt steh ich hier, mit all meinem Sein,
und frage mich still, wie konnt' das sein?

Vielleicht bleibt die Zukunft ein unsicheres Meer,
doch mit dir fühlt sich selbst das Ungewisse nicht
schwer.
Du bist kein Traum, kein bloßes Spiel,
du bist die Wahrheit, mein neues Ziel.

Lass uns fliegen, wohin der Wind uns trägt,
Ohne Zweifel, wo das Herz sich bewegt.
Verlieren wir uns, finden wir uns neu,
Ewig verbunden, du und ich, so frei.

all too Well (tinder's version)

Ich hab' das Bild zwanzig Mal geändert,
doch keiner schaut hin, es wird nur gemeckert.
„Zu viel auf den Rippen". Das ist der
Standardspruch,
und ich frag mich: Warum zählt der Körper so viel?
Ich such nicht nach Liebe, nur nach einem Funken,
doch meine Zahlen sind das, woran sie sich binden.
„Kein Bauch, kein Drama" steht's im Profil,
als wär ich nur eine Zahl, kein Mensch, kein Gefühl.
Swipe nach links, swipe nach rechts,
doch keiner, der mich wirklich echt mal entdeckt.
Nur Zahlen, kein Blick, kein echtes Wort
mein Wert wird gewogen, dann weg und fort.
Sie sagen, sie wollen was Lockeres, frei,
doch stellen Bedingungen wie bei einer Datei.
„Sportlich, maskulin" so soll's bitte sein,

als würde der Körper allein uns definier'n.
Ich kann dich zum Lachen, zum Staunen bringen,
doch zählt das hier nicht, es zählt nur das Ringen
um perfekte Formen, ein Ideal aus Glanz,
doch ich weiß längst: Ich bin mehr als dein
Standardtanz.
Match gefunden, doch keine Nachricht mehr,
weil ich nicht dem Bild entspreche, das man
begehrt.
So viele Filter, so viele Lügen
doch keiner, der bleibt, wenn Masken sich trügen.
Doch dann eine Nachricht, so ehrlich, so klar,
kein „Hey, na?" sondern: „Wie war dein Tag, sag
mal?"
Kein Blick auf die Zahlen, kein Maß an Norm,
nur Fragen nach Träumen, nach Tiefe, nach Form.
Und heute, zwei Jahre und Nächte danach,
wach ich auf, mein Herz schlägt, laut und wach.
Kein Swipe mehr, kein Zählen, kein Urteil mehr,
nur ein Lächeln, das bleibt, und Liebe, so sehr.
Also goodbye, Dating-App-Fluch,
ich suchte nur Spaß, doch fand echtes, genug.
Denn manchmal geschieht's, wenn du gar nichts
erwartest,
und das wahre Glück kommt ganz ohne Masken.

lover

Der Morgen ist grau, doch das stört mich nicht,
denn du liegst noch da, mit geschlossenem Blick.
Dein Arm auf mir, dein Atem ganz sacht,
kein Stress, keine Eile, wir ruh'n in der Nacht.
Die Stadt wird laut, doch wir hören sie kaum,
liegen im Bett wie gefangen im Traum.
Kaffee in der Hand, du grinst noch verschlafen,
und ich könnt' mich ewig in diesem Moment
vergraben.
Oh oh, Serien bis spät, die Folgen bekannt,
doch mit dir wird selbst Alltägliches spannend.
Oh oh, Pizza im Bett, ein Krümelmeer,
doch solange du lachst, stört das nicht mehr.
Wir fahren ins Blaue, die Straßen ganz frei,
die Sonne im Rücken, der Wind zieht vorbei.
Kein Ziel, keine Eile, nur du und nur ich,
zwei Schatten im Licht, vollkommen im
Gleichgewicht.
Und wenn ich mal zweifle, mich selbst nicht
versteh',
dann legst du die Stirn an meine, ganz still, ganz
okay.
Kein Wort muss gesprochen, ich spür, du bist da,

mit dir fühlt sich alles viel leichter als wahr.
Oh oh, deine Hand in meiner, fest und warm,
du ziehst mich zurück, wenn ich mich verlier im Alarm.
Oh oh, kein Drama, kein Spiel, nur wir zwei,
mit dir ist die Welt ein geschützter Bereich.
Der Tag wird zur Nacht, doch das Leben bleibt echt,
mein Kopf auf deiner Brust, der Moment: einfach
perfekt.
Ich brauch keinen Rausch, kein Funkeln, kein Licht,
denn wenn du da bist, fehlt mir nichts.
Also goodbye, Sorgen, kein Blick mehr zurück,
was zählt, ist nicht gestern, nur dieser Moment voll
Glück.
Denn mit dir ist selbst Stille Musik,
und die schönste Melodie spielt unser Lied.

afterglow

Es fing so perfekt an, wie aus einem Film,
wir lachten, wir träumten, wir lebten im Stil
von „für immer und ewig", von Glanz und Magie
doch keiner erzählt, was danach noch geschieht.

Dann kam dieser Abend, die Worte zu laut,
du sahst mich nicht an, ich blickte hinauf.
Ein Blick voller Zweifel, ein Stich in der Brust
ist das unser Ende? Ist das, was Liebe tut?

Die Türen fielen schwer ins Schloss,
Stille lag wie Nebel, bleiern und groß.
Hab ich mich geirrt? War das ein Zeichen?
Oder gehört das zu uns, zwei Welten, die reichen?

Ich lag nachts wach und fragte mich still:
War ich zu stur? War ich zu viel?
Doch Liebe ist nicht nur einfach und leicht,
sie fordert uns beide, bis alles erreicht.

Und als ich dich sah am Morgen danach,
da lag keine Wut mehr, nur Klarheit und Wahr.
Zwei Herzen, die ringen, doch niemals allein
denn Liebe heißt auch, verschieden zu sein.

Wir prallen an Ecken, wir stolpern durch Fragen
doch würden einander trotzdem noch wählen.
Nicht jedes Wort wird sofort versteh'n
und nicht jeder Streit gleich verweh'n.

Doch was uns verbindet, ist größer als das
denn Liebe vergeht nicht nach einem Krach.
Wir sind verschieden, und trotzdem vereint
zwei Menschen, doch tief in der Seele: ein Sein.

Out of the Woods

Es beginnt ganz leise, kaum merklich, ganz sacht,
ein Flüstern im Kopf, das langsam erwacht.
Ein Schatten, der wächst, sich weiter verdreht,
bis er jede Sekunde in Dunkelheit dreht.

Mein Herz rast in der Nacht, schlägt schnell und
laut,
die Stille so riesig, ich fühl mich wie taub.
Schlaflos, panisch, der Atem wird schwer,
ein Blick in die Dunkelheit: Ich will hier nicht mehr.

Die Luft viel zu schwer, die Wände zu klein,
mein Herz schlägt zu laut für den Raum, der bleibt.
Die Stimmen im Innern, so schrill und so grell,
sie sagen mir ständig: Du fällst, immer schnell.

Ich schließe die Augen, doch finde kein Licht,
versuche zu atmen, doch es trägt mich nicht.
Ich weiß, es ist Angst. Ich weiß, sie vergeht.
Doch mein Körper vergisst, was der Kopf längst
versteht.

Doch dann gibt es Tage, da bin ich ganz frei,
da zieht sie vorüber, ganz leise vorbei.
Ich stehe noch immer, auch wenn sie mich biegt
ein Sturm tief in mir, der mich trotzdem nicht kriegt.

Ich weiß, sie gehört zu mir, wie ein Teil,
doch sie ist nicht ich, nimmt mir nicht mein Sein.
Ich falle, ich strauchle, doch irgendwann
steh ich wieder auf, und fang von vorn an.

Also *goodbye*, Zweifel, du kriegst nicht mein Licht,
egal, wie oft du mich täuschst und zerbrichst.
Denn nach der Nacht kommt das Tageslicht,
und in seinem Glanz bin ich stark, unerschütterlich.

you need to calm down

Es brennt in den Herzen, wir spüren die Macht, die Welt ruft nach Wandel, jetzt, mit voller Kraft. Zu lange geschwiegen, zu lange gewartet, jetzt stehen wir auf, nichts wird mehr vertagt.

Mit dir an der Seite, du hältst mich fest, gemeinsam sind wir stark, keiner verlässt. Wir ziehen durch Straßen, vereint, Hand in Hand, für Freiheit, für Würde, für dieses Land.

Du stehst hinter mir, mit Feuer und Mut, wir gehen zusammen, und das tut uns gut. Die Welt braucht Stimmen, laut, klar und wahr, gemeinsam erreichen wir, was unmöglich war.

Kein Platz mehr für Mauern, kein Schwarz gegen Weiß, uns're Welt ist bunt, wir sind ihr Beweis. Wir reißen die Grenzen in Köpfen nieder, lassen uns nicht brechen, wir stehen immer wieder.

Es geht nicht ums Reden, es geht ums Tun, wir können nur ändern, wenn wir es nun gemeinsam versuchen, entschlossen, vereint, denn Veränderung lebt, wenn der erste sich zeigt.

Der Weg wird nicht leicht, doch wir bleiben dabei, mit Herz, mit Verstand, und innerlich frei. Wir kämpfen für Gerechtigkeit und Licht statt Gewalt, für Liebe zur Freiheit, und Menschlichkeit, bald.

Veränderung braucht uns, jede Stimme zählt, gemeinsam gestalten wir, was uns fehlt. Mit dir an der Seite, beginnt unser Plan: Nur zusammen entsteht eine bessere Welt.

Learning dancing through life

Du hast mir gezeigt, was ich nie gekannt, eine Welt voller Farben, die neu verband. Vor dir war mein Blick oft grau und leer, doch mit dir erblüht alles, ich seh' so viel mehr.

Jeder Schritt mit dir ist wie ein Beginn, dein Lächeln ein Funke, so zart, so rein. Du öffnest die Augen für das, was fehlt, und zeigst mir, wohin man gemeinsam wählt.

Es fällt mir nicht leicht, Ängste loszulassen, doch du gibst mir Halt, lässt mich selbst fassen. Mit dir an der Seite fühl ich mich frei, entdecke das Leben, so hell, so neu.

Du hast mir gezeigt, was Vertrauen bedeutet, dass Liebe nicht engt, nicht bindet, nicht scheut. Sie befreit, sie öffnet das Herz ganz weit, sie leuchtet im Jetzt, in Verbundenheit.

Es war nicht leicht, der Weg oft rau, doch du bist geblieben, das weiß ich genau. Mit dir als Begleiter kann nichts mehr entgleiten, in deiner Nähe kann ich alles bestreiten.

Ich lerne zu fühlen, im Moment zu sein, das Leben zu atmen, ganz klar, ganz rein. Mit dir seh ich mehr, als ich je verstand, und mit dir an der Seite wird alles zu Land.

Endlich begreife ich, wie kostbar das Leben, jeder Tag mit dir ist ein echtes Erleben. Mit dir an der Seite beginnt alles neu, die Welt wird weit, und ich bin dabei.

Die Zweifel sind fort, sie weichen dem Licht, denn du bist mein Anker, mein Gleichgewicht. Mit dir wird mein Leben mehr als ein Ziel, du gibst ihm Bedeutung, du zeigst mir das Spiel.

Jetzt weiß ich genau, was ich wirklich brauch: die Freiheit zu leben, mit offenem Bauch. Ich bin endlich frei, der Weg ist klar, mit dir an der Seite, ist alles, was war.

.

druck

Ich laufe durch die Straßen, der Kopf viel zu voll, Gedanken rasen, das Herz niemals moll. Ein Projekt nach dem nächsten, stets in Bewegung, nie wirklich zur Ruhe, nur Pflichten, Verpflichtung.

Zig Ideen, die mich ständig treiben, doch am Ende des Tages bleibt nur: „Wie soll ich's beschreiben?" Ich verliere mich selbst im ständigen Tun, wo ist die Stille, in der Herzen ruh'n?

Immer schneller, immer mehr, das Tempo kennt kein Ziel, meine Liste wächst, der Alltag wird zum Spiel. Ein Schritt nach dem anderen, doch der Plan zerfällt, ich renne und renne, was bleibt von der Welt?

Ich jag durch die Nächte, bis der Morgen erwacht, die Luft wird zu Sorgen, der Druck wie gemacht. Ich will mich fangen, doch alles wird schwer, ich verschwinde im Lärm, in mir, nichts mehr.

Manchmal spür ich den Punkt, an dem ich zurück will, an dem ich innehalt' – ganz still. Doch die Welt schreit weiter, lässt mich nicht ruh'n und ich renn weiter, weiß nicht mal, wozu.

Ich frag mich, wie's wär, einfach mal weich zu sein, nicht ständig im Kampf, nicht so streng, nicht allein. Zu mir, zu den Wünschen, zu Träumen, ganz leise, vielleicht liegt die Kraft im Lassen, nicht in der Reise.

Und wenn der Druck mich niederdrückt und ich fall, werd ich lernen: Es geht auch langsam, ohne Knall. Denn zwischen all den Dingen, die mich jagen und treiben, liegt das, was zählt, das stille Bleiben.

trusting

In deiner Nähe fühl ich mich frei, die Welt verblasst, nur du und ich, wir zwei. Mit jedem Blick, den du mir schenkst, spür ich, was es heißt, geliebt zu sein, bedingungslos, echt.

Du zeigst mir, was Vertrauen wirklich heißt, in deinen Armen wird Vergangenheit leis'. Kein Zweifel, kein Zögern, kein „Was, wenn…?" bei dir bin ich sicher, egal wohin wir renn'.

Die Liebe zwischen uns, ein loderndes Feuer, wild und sanft, zärtlich und ungeheuer. Jeder Kuss, jede Berührung so klar, unsere Verbindung, stärker als jedes gesprochene Jahr.

Es geht nicht um Körper, um bloßes Verlangen, sondern ums Vertrauen, das tief in uns fangen. Wir geben uns hin, im Moment, ganz hier, unsere Seelen verschmelzen, in Liebe, mit dir.

Wenn du mich berührst, geschieht so viel mehr, unsere Liebe pulsiert, tief, ehrlich und schwer. Kein flüchtiger Rausch, kein vergänglicher Kuss sondern unser Gefühl, voll Tiefe, voll Lust.

In dir find ich Sehnsucht, nicht bloße Begierde sondern ein Miteinander, das ich nie verliere. Du zeigst mir, dass Lieben kein Wagnis mehr ist sondern Hingabe, die man lebt, nicht vergisst.

Es zählt nicht nur das, was wir tun sondern der Raum, den wir gemeinsam ruh'n. Ein Ort, der uns schützt, in dem wir uns finden ein Traum, der beginnt, sich an uns zu binden.

Mit dir fühl ich mich ganz und gesehen, deine Nähe lässt mich in mir bestehen. Was uns verbindet, ist tief und rein es gibt keinen Ort, an dem ich lieber wär als dein.

In der Liebe, im Vertrauen, im Spiel dieser Glut wächst ein Band, das allem standhält, in Mut. Denn du bist mein Fels, mein Kompass, mein Ziel mit dir wird Liebe zu allem, mehr als Gefühl.

I only break my favourite toys

Ich bin der Meister im Dinge ruinieren. Es fällt mir leicht, ohne nachzudenken, Worte zu sagen, die zu viel sind, und die Stille zu brechen, wenn sie am meisten gebraucht wird. Ich baue Mauern aus Stolz und Ängsten und wundere mich, warum du irgendwann nicht mehr bleibst.

Jedes Mal, wenn ich zu viel gebe, wird es schwer, einen Schritt zurückzumachen. Ich halte dich fest, als könnte ich dich nie wieder verlieren, doch merke nicht, dass du längst schon losgelassen hast. Und ich? Ich bin derjenige, der sich im Kreis dreht, immer noch mit der Hoffnung, dass es doch besser wird.

Ich habe gelernt, wie man Dinge kaputt macht, bevor sie überhaupt die Chance haben, zu wachsen. Ich sage die falschen Dinge zur falschen Zeit, und dann bleibt nur das Schweigen, das mir die Luft nimmt. Es ist, als ob ich nicht anders kann als immer wieder denselben Fehler zu machen und zu sehen, wie alles auseinanderfällt.

Es tut mir leid, doch diese Entschuldigung fühlt sich leer an. Denn je mehr ich enttäusche, desto mehr zerbricht etwas in mir. Mit jeder Person, die ich verliere, verliere ich auch ein Stück von mir selbst. Ich frage mich, wann ich endlich begreife, dass ich das nicht mehr rückgängig machen kann.

Ich sehne mich danach, alles anders zu machen, doch tief in mir weiß ich, dass ich mich selbst immer wieder sabotieren werde. Denn irgendwie habe ich das Gefühl, dass ich immer gegen das kämpfe, was ich am meisten will. Ich baue Brücken, nur um sie im nächsten Moment wieder abzubrechen. Ich halte fest, wenn ich loslassen sollte, und lasse los, wenn ich eigentlich festhalten müsste.

Vielleicht gibt es keinen Weg zurück. Vielleicht ist dies mein Schicksal, der ewige Meister im Ruinieren. Und das Schlimmste ist, dass ich nicht einmal weiß, wie ich aufhören könnte.

fighting

Jeder Schritt, den wir gehen, führt weiter weg, mein Herz rast im Takt, gegen das stille Versteck. Deine Hand in meiner, so fremd, fast wie Glas, und ich frage mich leise, glaubst du noch an das?

Der Gedanke an Abschied bricht mich entzwei, als würd' mein Herz splittern, still und dabei. Die Liebe, die uns verband, wird blasser, vergeht, und die Stille dazwischen, sie schlägt und sie weht.

Dein Blick sagt so viel, doch die Antwort bleibt aus, wie ein Flügel, der bricht, nie mehr trägt, nie mehr raus. Die Angst, dich zu verlieren, liegt schwer auf der Brust, wie Wind in leeren Räumen, kalt, ohne Lust.

Ich denk an die Tage, da warst du mein Lachen, wir lebten im Jetzt, ohne Morgen, ohne Wachen. Doch der Raum zwischen uns, er dehnt sich, er schreit, und die Liebe, sie flackert, wird schwächer mit Zeit.

Ich ordne Gedanken, doch sie gleiten davon, wie Schatten bei Dämmerung, ohne Richtung, ohne Ton.

Dein Fehlen ist frostig, wie ein leeres Bett, in dem ich friere, während die Angst mich zerfetzt.

Doch noch ist nicht alles verloren, nicht jetzt, mein Herz gibt dich nicht her, auch wenn du schon gehst. Ich kämpfe um uns, mit allem, was ich bin, denn du bist mein Licht, mein Anfang, mein Sinn.

shining things

Die Lichter blenden, der Glanz so hell, ich folge dem Ruf, der wie ein Versprechen klingt, schnell. Die Welt lockt mit Diamanten, so verführerisch und klar, und ich verliere mich in dem, was nicht real war. Du gehst den anderen Weg, den stillen Pfad, meistens schweigend, doch du weißt genau, was du hast. Du siehst den Glanz, doch drehst dich nicht um, während ich weiter renne, in diesem leeren Raum.

„Warum bleibst du stehen? Warum lässt du dich nicht tragen? Siehst du nicht all das Gold, all die flimmernden Fragen?" Doch du lächelst nur, die Antwort in deinen Augen, weißt, dass wir alles verlieren, wenn wir uns nach mehr biegen, statt zu glauben.

Der Glanz ist laut, er ruft nach mehr, doch je näher ich komme, desto weniger ist er wert. Ich falle immer wieder, auf den Schein, glaube, das könnte das Beste sein. Doch du siehst, was ich nicht sehen kann, hältst mich zurück, wenn ich im Sturm davonrenne.

„Glaub nicht den Lichtern, glaub nicht dem Schein, das, was du suchst, wird nicht von außen sein." Es ist der Moment, wenn wir uns in die Augen sehen, der wahre Wert im Leben kann nicht im Gold verwehen. Du hast es mir gezeigt, was wirklich zählt, dass der Glanz nur täuscht und im Hintergrund verfällt.

Ich höre deinen Atem, du hältst meine Hand, und plötzlich fühlt sich alles richtig an. Der Weg mit dir ist nicht immer leicht, doch das, was wir haben, ist der wahre Reichtum, der uns erreicht.

Du bist derjenige, der niemals fällt, der den Wert des Lebens wirklich erkennt, während ich mich von den glänzenden Dingen verführen lasse, bleibst du bei mir und zeigst mir die wahre Masse.

In den kleinen Momenten, die niemand sieht, dort finde ich das, was ewig blüht. Du hast mir gezeigt, was wirklich zählt, nicht der Glanz, sondern das, was uns bewegt, das nie verfällt.

the archer

Ich scroll' durch die Zeilen, die in meinem Kopf hallen, die Worte wie Pfeile, die durch die Stille prallen. Anonym, hinter Bildschirmen versteckt, wird Hass gesät, wird Wahrheit verdreht.

„Lügner", „Betrüger", „Was du sagst, ist falsch", die Welt scheint laut, doch irgendwie hohl. Verschwörungstheorien, die wie Schatten fliegen, uns die Luft nehmen, uns die Sicht versiegen.

Ich seh' die Gesichter, doch niemand ist echt, die Stimmen gehören niemandem, sie sind bloß in der Nacht erwacht. „Du weißt doch, was sie wirklich sagen", flüstert ein Teil von mir, doch die Wahrheit ist verschwunden, sie wird immer mehr verwehrt hier.

Jede Nachricht, die ich lese, wie ein Stich ins Herz, es fühlt sich an, als würde der Glaube zerbrechen – so schmerz. Die Menschlichkeit, die einst da war, verblasst in dem Chaos, die Welt wird kälter, der Glaube an uns – ein großer Verlust.

„Warum streitest du?", frage ich mich immer mehr, und je länger ich lese, desto mehr wird mir klar, es fällt mir schwer. Es gibt so viele Stimmen, die uns in den Abgrund reißen, die uns blind machen und uns in den Schatten heißen.

Die Kommentare blenden, die Worte schmerzen, und in all dem Hass, da verlier' ich die Herzen. Ich such' nach dem Licht, doch es wird immer schwächer, die Dunkelheit, sie wächst – und wird immer dreister, immer schlechter.

Wie kann es so schwer sein, zu lieben und zu verstehen, wenn all diese Worte nur die Wahrheit verdrehen? Ich verliere mich langsam, im Strudel der Wut, der Zweifel frisst mich auf, macht mir den Glauben kaputt.

Ich wollte die Welt sehen, sie war so voller Licht, doch jetzt scheinen all die Stimmen nur Schatten zu sein, die mich nicht mehr erreichen, nicht mehr wie früher – so schlicht. Die Menschen, die ich kannte, scheinen jetzt so weit weg, in einem Meer aus Meinungen, die keiner versteht – so zerbrochen, so schrecklich.

Doch tief in mir spür' ich eine leise Stimme, die mir sagt, dass wir mehr sind als das, viel mehr als diese Grimme. Vielleicht ist es die Liebe, die uns retten kann, und ich will wieder glauben, an den Menschen, daran, dass wir nicht verloren sind, irgendwann.

ME

Ich bin einzigartig, das weiß ich jetzt. Nichts an mir ist normal, und das ist okay. Mein Autismus ist kein Problem, er ist meine Stärke. Er macht mich anders, ja, aber auch klarer, präziser und authentischer. Ich seh' die Welt anders und fühle intensiver, und das macht mich zu dem, der ich bin.

Ich polarisiere, klar. Aber das ist kein Fehler, sondern meine Wahrheit. Ich bin nicht hier, um jedem zu gefallen, ich bin hier, um zu leben, zu fühlen, zu sein. Ich zeig' mich, so wie ich bin, ohne Entschuldigungen. Es ist kein „Vielleicht" oder „Vielleicht nicht", ich bin einfach ich, und das reicht.

Ja, ich bin neurodivers, queer und frei. Und weißt du was? Ich bin stolz darauf. Ich entspreche keiner Norm, kenne keine Grenze, ich geh' meinen Weg, und er fühlt sich endlich richtig an. Es ist okay, nicht in eine Schublade zu passen. Es ist okay, anders zu sein. Denn all das macht mich stärker, es gibt mir die Freiheit, mich selbst zu lieben.

Ich weiß, was sie über mich sagen, der Ruf, der mich verfolgt, die Urteile, die mir anhaften. Aber hier ist die Wahrheit: Ich hab' mir meinen Namen zurückgeholt. Ich hab' mir meinen Ruf zurückgeholt. Sie können reden, sie können flüstern, es ist mir egal. Denn ich bin der, der ich bin, und das reicht. Ich habe gelernt, auf mich zu hören, nicht auf die Stimmen derer, die nie wirklich wissen, wer ich bin.

Ich bin glücklich, jetzt mehr denn je. Kein Blick von außen kann mir sagen, wer ich bin oder wer ich sein soll. Ich stehe aufrecht, weil ich weiß, dass ich genug bin, und es ist nicht mehr ein Traum, es ist die Realität, dass ich die Zukunft mit offenen Armen begrüße. Ich bin bereit. Für alles, was kommt.

long live

So, hier sind wir also am Ende angekommen. Meine kleine persönliche Dilogie findet ihren Abschluss, und es ist kaum zu fassen, wie sehr sich mein Leben seit den Ereignissen in „*Nights*" verändert hat. Mein drittes bzw. viertes Buch unter dem Namen Robyn Skye ist nun abgeschlossen, und ursprünglich hatte ich nicht vor, diesen Namen noch einmal zu verwenden. Doch nach all der Arbeit bin ich unglaublich stolz auf „*Nights & Daylight*". Vielleicht liegt es daran, dass dieses Buch einfach echt ist – und zu 100 % ich selbst.

Ursprünglich war diese Dilogie für 2020 geplant. Nach der Katastrophe mit meinem zweiten Buch hatte ich eigentlich vor, mit dem Schreiben aufzuhören. Doch ich habe meine Liebe zum Schreiben wiederentdeckt – und dafür bin ich unendlich dankbar. Es fühlt sich an, als wäre ich endlich wieder dort, wo ich hingehöre.

Ein ganz besonderer Dank geht an Dominik – unsere Gespräche haben mir oft geholfen, Klarheit zu finden und neue Perspektiven zu gewinnen. Du hast mir so oft gezeigt, wie wichtig es ist, sich selbst treu zu bleiben, und dafür danke ich dir von Herzen.

Danke an meinen Schatz – du bist immer an meiner Seite, bringst Freude in mein Leben und bist der Fels in der Brandung. Ich danke dir für jedes Abenteuer, das wir gemeinsam erleben dürfen.

Danke an Books on Demand, das ich bei euch mein Buch veröffentlichen kann. Liebe Jessy, vielen lieben Dank fürs aufmuntern.

Danke an Emily Bähr, für deine Hilfe mit dem Umschlag.

Ich bin unglaublich dankbar für die Unterstützung meiner Freund*innen: Tobi, Niklas, Clara und Adela – ihr seid stets für mich da, hört mir zu und gebt mir so viel Halt. Fühlt euch alle gedrückt – ihr bedeutet mir mehr, als Worte je ausdrücken können.

Danke, Ruben, für deinen unerschütterlichen Support. Du warst immer ein verlässlicher Begleiter auf diesem Weg.

Das Leben ist ein fortwährender Lernprozess, der niemals endet. Das gilt auch dafür, wie wir mit marginalisierten Menschen sprechen und umgehen.

Ich sehe Neurodiversität nicht als Schwäche, sondern als wahre Stärke.

Nutze die letzten Seiten gerne als Platz für deine eigenen Gedanken (nein das beeinflusst den Buchpreis nicht). Vielleicht schreibst du ja auch ein Buch. Die Welt braucht mehr neurodiverse Own Voice Autor*innen. Keine Maschine kennt eure Gedanken. Versucht es selbst.

Momentan erforsche ich Struktur & Chaos. Wir lesen uns.

Schreibt mir gerne auf Insta @rainbookworld

Alles Liebe

Robyn Skye

ROBYN SKYE

Robyn Skye ist das Pseudonym eines pfälzischen Buchbloggers, der mit seinem Freund und einer stetig wachsenden Büchersammlung in Baden-Württemberg lebt. Er organisiert das Loud and Proud Bookfestival, das größte queere Online-Buchfestival in Deutschland, das er jedes Jahr mit viel Begeisterung auf die Beine stellt. Auch wenn ihm immer wieder gesagt wird, dass seine Gesangseinlagen zu den Songs von Taylor Swift schief klingen, liebt er es, sie anderen zu präsentieren. Auf Instagram teilt er seine Leidenschaft für Bücher unter dem Namen @rainbookworld.

PLATZ FÜR DEINE EIGENEN TEXTE

PLATZ FÜR DEINE EIGENEN TEXTE

PLATZ FÜR DEINE EIGENEN TEXTE

PLATZ FÜR DEINE EIGENEN TEXTE

PLATZ FÜR DEINE EIGENEN TEXTE

PLATZ FÜR DEINE EIGENEN TEXTE

PLATZ FÜR DEINE EIGENEN TEXTE

PLATZ FÜR DEINE EIGENEN TEXTE

PLATZ FÜR DEINE EIGENEN TEXTE

PLATZ FÜR DEINE EIGENEN TEXTE

PLATZ FÜR DEINE EIGENEN TEXTE

PLATZ FÜR DEINE EIGENEN TEXTE

PLATZ FÜR DEINE EIGENEN TEXTE

PLATZ FÜR DEINE EIGENEN TEXTE

PLATZ FÜR DEINE EIGENEN TEXTE

PLATZ FÜR DEINE EIGENEN TEXTE